Marketing en Redes Sociales

Una Guía Completa Para Hacer Crecer su Marca en Redes Sociales

Tabla de Contenido

Introducción

Hace poco tiempo, el marketing en las redes sociales era todavía un concepto en desarrollo. Plataformas como Facebook, Twitter e Instagram están facilitando enormemente que las empresas transmitan su mensaje, su identidad y sus productos a millones de personas, todo ello sin tener que gastar millones de dólares en el proceso.

Si observamos el panorama actual del marketing, las redes sociales están dominando el sector de forma evidente. No cabe duda de que las redes sociales han experimentado muchos avances que les han permitido centrarse en la recopilación de información, lo que las convierte en el mejor lugar para que una marca atraiga a su público objetivo.

No nos engañemos, utilizar las redes sociales de forma eficaz no es tarea fácil. Hay estrategas, redactores, gestores, diseñadores y muchas otras personas altamente especializadas que contribuyen al éxito de una campaña en las redes sociales. Esto no significa que no haya un espacio para que usted participe en el negocio; pero entender cómo funciona el panorama general es esencial para su éxito. Las empresas de redes sociales dependen en gran medida de la publicidad y el marketing para obtener sus beneficios, lo que da a las pequeñas empresas la oportunidad de anunciar sus productos y servicios al público.

La presencia y experiencia en las redes sociales es primordial para mantener una ventaja competitiva en el mundo de los negocios. El objetivo de este libro es aclarar las métricas de las redes sociales, los métodos más adecuados y las continuas novedades que otorgan a los anunciantes más poder y margen de acción. Aunque los verdaderos beneficios de las redes sociales no están explícitamente relacionados con su potencial de marketing o publicidad, también tienen un impacto en el diseño de productos, la eficiencia, la productividad y otros parámetros empresariales fundamentales.

Inevitablemente, se observará que las marcas con más éxito en las redes sociales son las que tienen una historia que contar, además de que sea interesante y pueda destacarse de la competencia. La relevancia de estas marcas entre los consumidores es bastante eficaz para impulsar un amplio reconocimiento de la marca y las impresiones. Las marcas de nicho que nunca tuvieron un mercado suficientemente grande al que abastecer, pueden finalmente conectar con millones de clientes en todo el mundo gracias al amplio alcance de las redes sociales. Mientras que las marcas ya establecidas tienen la ventaja de que los consumidores las buscan, las empresas más pequeñas pueden aprovechar el rápido ritmo y el estilo de las redes sociales para causar impacto.

La creación de contenidos es la esencia de cualquier campaña potente en las redes sociales, pero antes de lanzarse a la creación de contenidos, hay diferentes parámetros que debe evaluar. La audiencia a la que te diriges, el presupuesto, la red social, el plazo de ejecución y muchas otras métricas de las que debes asegurarte antes de embarcarte en ese viaje. Con miles de millones de usuarios en todo el mundo, casi cualquier marca o negocio de nicho puede encontrar un segmento de mercado notable sin tener que gastar grandes cantidades de dinero.

A lo largo de este libro, descubrirá el verdadero potencial que los mercados de las redes sociales le ofrecen como empresa y como individuo, además de comprender la mecánica de marketing de las redes sociales más destacadas. El marketing de contenidos, el alcance y el reconocimiento de la marca también se tendrán en cuenta a la hora de crear dicha marca. Sin más preámbulos, ahora que tienes una idea de lo que te espera, ¡vamos al grano!

Capítulo 1: El Poder de las Redes Sociales

Para entender la influencia de las redes sociales, es importante explorar los orígenes y los fundamentos de los cuales estas empresas han obtenido su poder. La dinámica que rige las redes sociales es bastante orgánica, aunque la tecnología haya desempeñado un papel importante en el impulso de su desarrollo. La influencia es el elemento que rige las plataformas de las redes sociales y, al hacerla más fácil de controlar, tienen el poder de persuadir a las personas para que consuman contenidos, compren productos y muchos otros conceptos que pueden ser poderosos en la práctica.

La Llegada de las Redes Sociales

El ámbito empresarial, donde la publicidad y el marketing dominan un gran sector, se ha visto superado por las redes sociales, por no hablar de su influencia en la educación. Si nos fijamos bien, nos daremos cuenta de que el impacto de las redes sociales en estos sectores se deriva de la comunicación. Las formas de comunicarnos han cambiado con el auge de las redes sociales. Por ejemplo, WhatsApp se convirtió en la nueva definición de la mensajería instantánea, eliminando los tradicionales textos SMS de la mayor parte del mundo. Aparte del dispositivo, una conexión a Internet es todo lo que se necesita para llegar a cualquier persona en cualquier parte del mundo. El impacto de las redes sociales en las normas de comunicación siempre ha sido un tema de gran interés y debate entre las principales figuras, tanto públicas como privadas.

La razón por la que la comunicación en línea es tan poderosa es su capacidad para sacar a la luz información, especialmente aquella a la que hubiera sido imposible acceder por métodos convencionales. El avance en la concienciación de la generación actual puede atribuirse principalmente a la influencia de las redes sociales y a la naturaleza hiperactiva de la tecnología informática. En el pasado, saber lo que ocurre en el mundo a tu alrededor era una tarea complicada, pero hoy en día basta con tener acceso a Internet y una cuenta en las redes sociales. Un solo acontecimiento impactante puede propagarse como un incendio a través de las noticias de todo el mundo, gracias al poder de compartir. Al mismo tiempo, la publicidad y los productos llegan a las personas interesadas. Gracias a los algoritmos utilizados para dirigirse a determinados segmentos de la población, muchas entidades influyentes, desde movimientos hasta servicios comerciales, confían en las redes sociales para transmitir su mensaje a las masas.

Impacto en las Estrategias Empresariales

Cuando todo está a unos pocos clics de distancia, las opciones se vuelven infinitas, lo que hace imprescindible que las empresas compitan dentro de mercados específicos. Esta facilidad de acceso a la información es una herramienta formidable que pueden utilizar las empresas para encontrar y llegar a sus clientes. Los métodos convencionales de compra en tiendas de comestibles o de lectura de periódicos se han visto alterados por este nuevo panorama digital. Incluso los estudiantes utilizan las redes sociales para crear salas de chat donde pueden interactuar y compartir archivos cómodamente. Las limitaciones locales que restringían a muchas empresas han desaparecido gracias a los poderes de gran alcance de Internet. El marketing digital a través de las redes sociales ya no es una nueva moda, sino una herramienta central que puede dictar estrategias empresariales completas.

La Naturaleza de los Pagos en Línea

Los pagos electrónicos permiten ahora ampliar el alcance de muchos servicios digitales, gracias a la facilidad de las transacciones monetarias en línea. Aunque los servicios bancarios en línea fueron la primera forma de pago en línea efectivamente probada, las redes sociales se están llevando un porcentaje importante y WhatsApp, por ejemplo, está experimentando con un nuevo sistema de pago que permite a los usuarios intercambiar dinero fácilmente. Aunque estos sistemas de pago son bastante eficientes, los estándares de seguridad y su mantenimiento representan un reto.

Efectos en la Atención Médica

Tal vez sea sorprendente que el sector de la salud haya visto un impulso positivo en la integración de las redes sociales en su infraestructura. El método clásico de visitar a un médico para diagnosticar un malestar está siendo sustituido poco a poco por profesionales de la salud virtuales que analizarán sus síntomas. Aunque el modo virtual no sea todavía tan eficaz como las consultas físicas, es útil en momentos en que la visita al médico puede conllevar un riesgo. La pandemia de COVID-19 ha hecho que muchas personas recurran a médicos virtuales para no arriesgarse a un contagio, por no hablar de que algunos hospitales fomentan las consultas virtuales para el diagnóstico. Este tipo de asistencia médica permite a las personas cruzar digitalmente las fronteras de su país y visitar a médicos reconocidos mundialmente para su evaluación y tratamiento.

La Mejora de la Conciencia Pública

La gran escala de los movimientos ciudadanos que han surgido en la era de las redes sociales es bastante asombrosa si se compara con la era de los medios impresos. La razón por la que mucha gente es más consciente de los problemas que afectan al mundo es la velocidad y la fluidez del intercambio de información entre individuos. Las plataformas sociales han dado voz a casi todo el mundo, lo que naturalmente significa que muchas preocupaciones que antes podían estar totalmente restringidas a la geografía local se han convertido de repente en asuntos globales. Desde las catástrofes naturales hasta la corrupción política, la conciencia pública de la gente se nutre ahora de fuentes digitales más que de gobiernos y medios de comunicación convencionales.

La Transformación de las Marcas en Seres Humanos

Las empresas siempre han sido vistas como entidades frías y carentes de emociones humanas. Sin embargo, las plataformas sociales han acercado poco a poco a las empresas a aguas más cálidas, creando marcas con apariencia humana que interactúan con sus clientes y seguidores. En los últimos años se ha observado una tendencia creciente a la "humanización" de las empresas. Esta tendencia era de esperar, ya que las voces de las masas se han hecho omnipresentes a través de las reseñas, los comentarios o las acciones. La palabra corre, y cuando la audiencia está formada por millones de personas, las marcas tienen que prestar atención al micro entorno y hacer cambios en sus macro estrategias. La gente confía más en las personas que en los nombres y en las entidades comerciales rígidas, lo que ha hecho que las empresas se vuelvan más "cálidas", respondiendo a los comentarios e ideando estrategias de comunicación transparentes.

El Poder del Alcance

"Alcance" es un término que se utiliza a menudo en el contexto de la influencia de las redes sociales hacia las personas. Tener un gran alcance significa simplemente conectar con más personas. Aunque un negocio no es necesariamente un juego de números, llegar a más personas se traducirá invariablemente en más ventas. Tanto si se trata de una empresa privada como de una organización no gubernamental, adquirir alcance es primordial para la organización si quiere ser escuchada. En diferentes contextos, las organizaciones ven el alcance como una herramienta para conseguir diversos objetivos, desde mejorar la imagen de marca hasta atraer más clientes.

Capítulo 2: Entender Las Redes Sociales De Hoy En Día

La elección de la correcta red social es fundamental, ya que puede determinar el éxito o el fracaso de su estrategia de marketing. Dado que cada sitio web ofrece diferentes interfaces, características y audiencias, es necesario examinar cada plataforma para hacer una elección fundamentada.

Las siguientes plataformas de redes sociales son extremadamente populares hoy en día y tienen un enorme potencial para promocionar su negocio. Veamos cada una de ellas y entendamos su potencial para crear conciencia de marca y compromiso.

Facebook

Con más de 2.000 millones de usuarios mensuales, Facebook es la mayor red social del mundo. Atrae diariamente al 74% de los usuarios estadounidenses. A pesar de que muchas marcas ignorantes piensan que la plataforma sólo se dirige a los miembros de la generación nacida en la posguerra o Baby Boomers, Facebook atrae al 51% de los adolescentes y al 79% de los adultos jóvenes.

Cómo ayuda: Facebook permite publicar todo tipo de contenidos, como imágenes, texto, vídeos, historias y transmisiones en directo. Esto te da flexibilidad y la posibilidad de experimentar con diferentes formas de contenido. A menos que no tengas un plan de marketing designado, puedes utilizar Facebook para probar tu estrategia. Uno de los aspectos más destacados de la plataforma es la posibilidad de crear grupos privados y aprovechar sus comunidades online dedicadas. Si se hace bien, tu marca puede atraer a varios clientes potenciales a la vez. También es útil para la integración del comercio electrónico y la publicación de anuncios. Las actualizaciones más recientes permiten a los usuarios interactuar con la marca de su elección y comprar directamente en su página de Facebook. El algoritmo de la plataforma también se dirige a los usuarios que comparten los valores de su marca y que pueden disfrutar de sus productos o servicios.

Instagram

Gracias a su creciente popularidad, no hay que dejar de lado a Instagram. Con más de 1.000 millones de usuarios en todo el mundo, esta plataforma ha experimentado un gran auge en los últimos 5 años y cada vez gana más terreno. Aunque ahora es propiedad de Facebook, Instagram ha mantenido su propia identidad y se distingue de las demás.

Cómo ayuda: Instagram es, de lejos, la opción más popular para las marcas que están por venir y para las que ya existen. La interfaz de esta plataforma te obliga a publicar contenidos únicos y visualmente atractivos. Al igual que Facebook, Instagram ofrece un sinfín de opciones para publicar diversas formas de contenido. Puedes publicar imágenes fijas, vídeos, GIFs, historias, vídeos en directo, preguntas y respuestas, encuestas y mucho más. La nueva función más popular introducida en 2020 es Reels, que muestra clips de 15 a 30 segundos que cubren toda la pantalla. Tanto las marcas como los creadores de contenidos han aplaudido esta nueva función. Si tu marca se dirige a un público más joven, Instagram es sin duda la opción más adecuada para ti.

Snapchat

Esta red social fue una vez uno de los sitios más importantes para el entretenimiento. Hoy en día, sigue atrayendo a los usuarios con sus nuevas y emocionantes funciones lanzadas, pero ya no es la misma fuerza que antes. En la aplicación, haces clic en las fotos y las envías como "Snaps" a tus amigos de la lista, que duran 24 horas. También puedes utilizar filtros, efectos añadidos, realidad aumentada (AR), música y otras características únicas en tus snaps. Con los geofiltros a petición, los usuarios pueden añadir un filtro personalizado a sus snaps a un coste relativamente barato.

Cómo ayuda: Aunque Snapchat puede ser una opción extraña para las marcas, es muy eficaz para crear interacción entre usuarios de la misma edad. Es una de las mejores plataformas para dirigirse a la población de la Generación Z, ya que atrae al 73% de los adolescentes y al 47% de los adultos jóvenes. Si tu marca ofrece productos o servicios para usuarios de entre 12 y 24 años, Snapchat merece un lugar destacado en tu lista. También puedes generar participación de los usuarios desarrollando filtros personalizados o celebrando concursos y sorteos.

Twitter

Esta red social altamente interactiva cuenta con más de 330 millones de usuarios en todo el mundo. Permite tuitear títulos, encabezados y opiniones al azar en un formato de texto que no supera los 280 caracteres. Dado que la mayoría de los usuarios tienen una capacidad de atención corta, los tweets captan la máxima atención y difunden información valiosa de forma creativa y concisa. Twitter también permite publicar imágenes y vídeos, pero se centra sobre todo en las publicaciones de texto.

Cómo ayuda: Si quieres que las cosas sean sencillas y directas, Twitter es tu plataforma ideal. Su límite de caracteres y su enfoque directo animan a las marcas a ser lo más creativas posible. Últimamente, Twitter ha sido testigo de divertidas peleas e ingeniosas réplicas de las marcas como estrategia de marketing. Aunque la mayoría forman parte de un acto promocional, algunas marcas son aplaudidas por su capacidad de respuesta y su humor. Dado que esta plataforma atrae principalmente a adolescentes y adultos jóvenes, puede aprovecharse para promocionar marcas que se dirigen a este público. El uso de hashtags y los anuncios digitales son otros aspectos destacados de gran valor; Twitter te permite adaptar tu estrategia de marketing digital y de redes sociales con sus versátiles opciones de formato de anuncios.

YouTube

Como mayor plataforma del mundo para acceder a contenidos en vídeo, YouTube atrae a unos 1.900 millones de usuarios, de los cuales entre el 85 y el 90% tienen entre 13 y 49 años. En términos de uso, compite con Facebook e Instagram, que ya son bastante populares entre los usuarios de las redes sociales. YouTube también es reconocido como el segundo motor de búsqueda más grande después de Google, lo que le da la oportunidad de dirigirse a su público y llegar a millones de usuarios a la vez.

Cómo ayuda: La mayoría de los usuarios de las redes sociales prefieren el contenido en vídeo, ya que presenta y explica las cosas de forma divertida, digerible y entretenida. Si tu estrategia en las redes sociales gira en torno al uso de elementos visuales para promocionar tus productos y servicios, YouTube es tu respuesta. Graba vídeos de productos, tutoriales, entrevistas y vídeos entre bastidores. Aunque el marketing en YouTube es eficaz, requiere mucho tiempo y esfuerzo para dar a conocer tu marca en esta plataforma, dada su competitividad. Un punto destacado apreciable es el uso de SEO (optimización de motores de búsqueda), que permite utilizar palabras clave específicas en los títulos y vídeos para reforzar los resultados de búsqueda y mejorar la clasificación.

TikTok

A principios de 2018, TikTok creció masivamente y fue una de las apps más descargadas en todo el mundo. La plataforma promueve una forma de contenido de vídeo que permite a los usuarios subir vídeos musicales mostrando su talento para bailar, cantar con los labios y más. También ofrece un montón de filtros, efectos y opciones musicales para hacer las publicaciones más interesantes y entretenidas. Como los vídeos cubren toda la pantalla del teléfono, la interfaz es bien recibida por los usuarios.

¿Cómo te ayuda? Si prefieres transmitir tu mensaje de forma ligera y sin complicaciones, TikTok es una opción ideal. El formato de contenido de vídeo de 60 segundos es fácil de digerir y puede llegar a millones de usuarios, pero no atrae a usuarios de todas las edades e intereses, lo que puede ser bastante limitante. A pesar de estar prohibido en algunos países, TikTok sigue aumentando su popularidad. Las marcas suelen utilizarlo para subir contenidos de vídeo animados, como tutoriales, detrás de las cámaras o vídeos de duración limitada.

Reddit

Reddit puede considerarse un nicho dentro del mundo de las redes sociales. Aunque se dirige a un público específico, la plataforma le permite construir una comunidad orgánica, lo que puede ser muy beneficioso para su marca. Reddit recibe más de 2.000 millones de páginas vistas cada mes, y su potencial de marketing de contenidos es increíble. Los usuarios pueden enviar preguntas, responder a hilos, publicar imágenes y enlaces, y votar sobre ellos. Los foros dedicados, también conocidos como subreddits, ayudan a dirigirse a grupos de usuarios y a mejorar la participación de los mismos.

¿Cómo ayuda? Si quieres conocer mejor a tu público y no sólo atraer a más clientes potenciales, Reddit es tu plataforma de referencia. Puedes profundizar y entender los pensamientos, intereses o respuestas de tus usuarios a las tendencias actuales, lo cual es útil para mejorar tus productos y la experiencia de los clientes. Cuando se trata de comercializar su marca en Reddit, debe tener mucho cuidado, ya que los usuarios pueden cuestionar y reprender su contenido. No publiques contenidos excesivamente promocionales o que parezcan spam. Para no perder credibilidad, asegúrate de que tu contenido será recibido por la comunidad de expertos en tecnología, liberales y "frikis".

Si tienes éxito, podrás crear tu marca y alcanzar un gran éxito en un tiempo récord.

¿Cuál Es La Mejor Red Social Para Tu Marca?

En definitiva, su estrategia en las redes sociales puede ser eficaz, pero no funcionará si se dirige a la plataforma equivocada. Elija una plataforma que atraiga a su público objetivo, lo que puede decidirse estudiando a su cliente ideal y comprendiendo sus necesidades. La plataforma que elija también debe estar en consonancia con el tipo de contenido que cree. La mayoría de los contenidos de audio, vídeo y texto se reconocen como macrocontenidos. Por el contrario, los contenidos de tamaño reducido y las publicaciones constituyen microcontenidos y son fáciles de digerir por la mayoría de los usuarios en línea. Por último, elige sólo dos o tres plataformas de redes sociales y domina el arte de utilizar estos canales para transmitir los valores de tu marca y construir su imagen.

Dado que publicar con regularidad y mantener las páginas de las redes sociales no es una tarea fácil, limítese a dos o tres plataformas y céntrese en ofrecer contenidos de calidad en la mayor medida posible. Aparte de estas populares plataformas de redes sociales utilizadas hoy en día, algunas marcas también utilizan LinkedIn, Pinterest y Quora. Si quieres promocionar tu negocio en el ámbito B2B, LinkedIn es la opción más adecuada para ti.

Capítulo 3: Las Múltiples Funciones de las Redes Sociales y el Marketing de Contenido

Es difícil negar el impacto que las redes sociales han tenido en todo tipo de actividades profesionales. Naturalmente, cualquier plataforma para ganar dinero tiene sus propias funciones. Las redes sociales se consideran un amplio campo, que se extiende a través de diversas estrategias y operaciones de marketing que permiten a las marcas aumentar la participación e impulsar las ventas. Si quieres trabajar en este campo, es importante que te familiarices con las diferentes funciones necesarias para la creación de contenidos de marketing en redes sociales.

La Evolución de las Opciones Profesionales

El marketing digital ha experimentado un gran auge desde la introducción de las redes sociales a finales de la década de 2000. A medida que las plataformas evolucionan, también lo hacen las habilidades, las opciones profesionales y las certificaciones. Los estándares profesionales y las licencias para trabajar en las redes sociales están cada vez más definidos, lo que significa que elegir un papel específico en el que especializarse es esencial. Es habitual que la gente se sienta abrumada por todas las opciones que ofrece la rama de las redes sociales, por lo que es mejor empezar a investigar con términos generales antes de adentrarse en trabajos no estándar.

La Función de las Redes Sociales en la Empresa

Reconocimiento de la Marca

El objetivo de cualquier empresa con un plan de marketing sólido es conseguir que su marca sea reconocida. La razón es sencilla: los consumidores son más proclives a comprar a marcas que reconocen que probar suerte con una marca de la que nunca han oído hablar. Aquí es donde intervienen las redes sociales. La creación de marcas en el pasado era una tarea extenuante que requería una cantidad considerable y constante de dinero. Afortunadamente, hoy en día no es necesario gastar decenas de miles de dólares para crear una marca. Promocionar tu negocio entre el público puede obligar a la audiencia a mirarlo, aunque no lo estén buscando exactamente. Por eso se recomienda optar por un perfil y unas fotos de portada interesantes que proporcionen una posición estratégica a su página en las redes sociales.

Conversación y Rumores

Una característica común a las estrategias de redes sociales más exitosas es el rumor que se crea en torno a una marca. Si tus clientes hablan de tu marca y tus productos, es que estás haciendo algo bien. Esto se puede ver fácilmente en las grandes marcas, donde los avales generan una cantidad considerable de comentarios que pueden impulsar las ventas. Puedes interactuar con tu audiencia en las redes sociales para que hablen de un tema específico que hayas introducido. Es importante asegurarse de que detrás de la pantalla hay un humano y no un robot o alguien con un guión. La gente odia cuando siente que una marca que valoran no los valora lo suficiente como para comprometerse con ellos personalmente.

Cuenta una Historia

Una marca con una historia que contar siempre se distingue de los competidores que no la tienen. En teoría, una historia puede no ser tan relevante para la calidad o el atractivo de un determinado producto o servicio, pero puede marcar una gran diferencia cuando se tiene en cuenta el marketing y el reconocimiento de la marca. Compartir el mensaje y la misión de su marca en una plataforma social es la mejor manera de que sus clientes se relacionen con usted. Dependiendo de lo que considere efectivo según su técnica de marketing, una simple historia o una elaborada puede ser una cuestión de estrategia.

Recopilación de Datos a partir de la Investigación de la Audiencia

La investigación de la audiencia implica buscar las palabras clave que utiliza su público, pero no cualquier palabra clave. Suelen ser palabras clave relacionadas con un servicio o producto específico que usted ofrece. Las redes sociales facilitan la recopilación de este tipo de información gracias a las herramientas de análisis que ofrecen a las empresas. Si utilizas Facebook, puedes acceder a la información haciendo clic en el botón de información de una página de la que seas administrador. Del mismo modo, Twitter te permite comprobar las impresiones y los datos de cada tuit.

Servicio al Cliente

Las redes sociales se han convertido indiscutiblemente en uno de los principales actores del sector de la atención al cliente. Los clientes ya no quieren llamar por teléfono y tener que esperar hasta que por fin puedan contactar con una persona. Dar más poder a los clientes a través de redes sociales como Facebook y Twitter les permite comunicarse con usted más fácilmente, dándole información valiosa con la que trabajar para resolver un problema, responder a las consultas o recibir comentarios. Lo mejor de todo es que no implica la creación de un centro de llamadas dedicado, lo que sin duda le ahorrará muchos recursos. La mayoría de los usuarios buscarán la forma de conectar sin esfuerzo con su marca en las redes sociales antes que cualquier otra cosa. Por eso es imprescindible una estrategia de atención al cliente en las redes sociales, ya que proporciona comodidad a sus clientes antes de que decidan irse con la competencia.

Fidelidad a la Marca

En los negocios, la fidelidad a la marca es una variable vital que define la probabilidad de que sus clientes continúen haciendo negocios con usted después de su primera compra. Afortunadamente, las personas que siguen a su empresa en las redes sociales tienen más probabilidades de ser fieles a su marca en concreto. En términos sencillos, esto significa que al final usted toma la decisión. Mantener contentos a esos clientes fieles está directamente relacionado con la forma de interactuar con ellos después de su primera compra. Puede emplear muchas estrategias con los clientes fieles para mantenerlos cerca y comprometidos con su marca.

Elegir una Red Social

Es natural sentirse abrumado al intentar seleccionar una red social para su nuevo negocio. Hay muchos sitios web y cada uno de ellos tiene sus propios pros y contras, por lo que hay que investigar un poco antes de empezar a diseñar la estrategia.

Facebook

Con más de 2.600 millones de usuarios activos, es difícil equivocarse cuando se elige Facebook como plataforma principal para el marketing digital. Una pequeña empresa puede beneficiarse mucho del uso de Facebook, gracias a la gran cantidad de información que tiene sobre miles de millones de usuarios. Puedes crear un perfil de empresa que no sólo contenga enlaces a tu sitio web, sino también páginas de pedidos personalizadas que permitan a los usuarios hacer pedidos directamente desde la página de la empresa. Facebook permite a sus usuarios dejar reseñas en las páginas de negocios, difundiendo directamente el mensaje que puede ayudar a atraer nuevos clientes. La función más ventajosa que Facebook ofrece a los propietarios de páginas de empresa es una gran cantidad de herramientas que ayudan a seguir las preferencias de los clientes y las estadísticas de la página. Una de las desventajas de usar esta plataforma es que puede requerir un compromiso constante con tus fans para mantenerlos satisfechos, lo que puede no ser la mejor opción si no tienes el personal adecuado para el trabajo.

YouTube

YouTube es la opción preferida para videos con miles de millones de espectadores en todo el mundo. Además, tiene la ventaja de ganar dinero si tus vídeos se hacen virales y reúnen muchas visitas. No es necesario que pagues a YouTube para poner tu contenido allí, pero los vídeos que publiques deben ser informativos, entretenidos y de una calidad impecable. Esto puede ser un obstáculo para las pequeñas empresas que no tienen empleados dedicados a la creación de contenidos y vídeos. YouTube proporciona a las empresas las herramientas adecuadas para crear un sentimiento positivo entre los clientes más que cualquier otra plataforma. A diferencia de Facebook, es difícil hacer un seguimiento de las ventas generadas por los vídeos de YouTube, ya que el número de visualizaciones o de "me gusta" no está claramente relacionado con las ventas.

Twitter

En comparación con otros sitios web de redes sociales, Twitter se mueve a un ritmo más rápido, adecuado para las empresas que interactúan con los usuarios con mayor frecuencia. La plataforma te permite publicar una gran cantidad de posts sin que parezca que estás bombardeando a tus seguidores. Los clientes que visitan regularmente Twitter son más proclives a disfrutar de la privacidad que proporciona esta plataforma, lo que te ayudará a diversificar tu clientela y tu base de fans. Debes tener en cuenta que Twitter sólo permite un máximo de 280 caracteres por tuit, lo que puede no ser conveniente para las empresas a las que les gusta contar historias elaboradas o largas a sus clientes. La naturaleza cronológica inversa de las publicaciones puede dificultar al principio la coordinación de tu mensaje para llegar a un público más amplio, por lo que es menos favorable para las empresas que su contraparte basada en algoritmos, Facebook.

Instagram

Hoy en día, la diversión está en Instagram. Cuando se visita esta plataforma, lo primero que se ve son imágenes y vídeos, por lo que relacionarse con los clientes suele ser una experiencia positiva gracias a la naturaleza de las publicaciones. Hay espacio para un sinfín de creatividad si se invierte el tiempo suficiente en la elaboración de contenidos adaptados, atractivos e interesantes. Para los principiantes, no es tan complicado maniobrar, ya que no requiere una investigación rigurosa de los algoritmos como Facebook. Instagram utiliza los hashtags como una métrica que puede rastrear el ratio de conversión. Vale la pena mencionar que se necesitará un número considerable de recursos y tiempo para producir un buen contenido que pueda ayudarte a convertir a los visitantes en clientes, especialmente si tienes en cuenta que sólo utilizarás imágenes y vídeos cortos para transmitir el mensaje de tu negocio.

Capítulo 4: Crea Tu Marca

Ahora que ya conoces los detalles de las redes sociales y el papel que desempeña cada una de ellas, es el momento de aprender a utilizarlas. En este capítulo, te familiarizarás con algunas de las mejores tácticas y estrategias para crear tu marca de forma significativa. Hasta ahora, los capítulos anteriores han sido más bien teóricos. A partir de este capítulo, necesitarás tener un bolígrafo y un papel a mano para empezar a tomar notas.

Seguir una Estrategia de Marketing Digital Completa

Una gran parte de la gestión de un negocio de éxito consiste en comprender sus propios puntos fuertes y abordar sus deficiencias. Dado que el diseño de una estrategia de marketing digital adecuada será la base de la creación de tu marca, debes asegurarte de que se hace bien. Si no quiere hacerlo por completo usted mismo, puede encontrar una agencia dedicada que dé vida a sus ideas sobre la marca. Sea lo más conciso posible sobre cómo quiere que su marca se posicione en el mercado. ¿Está construyendo una marca joven y moderna que se dirige a los fans del Tik-Tok para la generación Z? ¿O tal vez la suya es una marca clásica que tiene que ver con la elegancia y la delicadeza? En cualquier caso, necesita que su estrategia de marketing transmita su mensaje e identidad de forma clara y atractiva para captar la atención de sus clientes objetivo. Si todavía no dispone de fondos para contratar a una costosa agencia de marketing, puede elaborar una estrategia de marketing digital decente respondiendo a las siguientes preguntas:

- ¿Cuál es el objetivo de su marca?

- ¿Qué red social se adapta mejor a los objetivos de su marca?

- ¿Qué hacen tus competidores y cómo lo hacen?

- ¿Qué puedes cambiar o mejorar para conseguir una mayor conciencia de marca?

A medida que su marca crezca, debe tener en cuenta que esto no será suficiente para mantener la tasa de éxito deseada. Revise y evalúe sus objetivos con regularidad.

Sea Cosistente

Nada confunde y aleja más a los clientes que una marca que no es consistente con la imagen que da en las diferentes plataformas. Todo, desde los colores y las fuentes hasta el contenido que compartes en tus redes sociales, debe ser cohesivo. De lo contrario, tu marca dará la impresión de ser una empresa mal pensada. Incluso si la calidad de su producto o servicio es impecable, si no hace un buen trabajo para mostrarlo digitalmente, tendrá muy pocas posibilidades de tener éxito. El objetivo es que el público reconozca su marca incluso sin que su logotipo la delate. Vale la pena mencionar que este tipo de conocimiento de la marca suele requerir muchos recursos (tiempo, dinero y esfuerzos) antes de poder alcanzarlo. No obstante, esta aspiración debería darle un excelente sentido de la orientación a la hora de establecer su marca en diferentes redes sociales.

Aparte de la consistencia de tu mensaje y tono en las redes sociales, también debes ser consistente en las publicaciones. Su público objetivo probablemente ya esté abrumado de información por la multitud de cuentas que sigue en Facebook, Instagram o cualquier otra plataforma. Si quieres mantenerlos comprometidos e interesados en tu marca, es esencial que publiques con frecuencia; hagas lo que hagas, no te quedes en silencio durante mucho tiempo.

Buscar Colaboraciones Significativas

Hoy en día, es raro que una marca crezca y prospere sin colaboraciones significativas con influencers y otras marcas. Sin embargo, no todas las colaboraciones son buenas; hay que crear unas que complementen la personalidad de la marca y que, al mismo tiempo, no perjudiquen los demás esfuerzos no relacionados con el marketing que se han realizado. Lo mejor es observar el comportamiento de tu público objetivo en las redes sociales. Averigüe con qué creadores de contenido se identifican y a qué tipo de publicaciones reaccionan más.

También puedes hacer uso de las diversas funciones de recopilación de datos, como las encuestas de Instagram y Facebook, para preguntar directamente sobre el tipo de marcas con las que a tus seguidores les gustaría verte colaborar. No sólo aumentarás el interés, sino que los resultados te ayudarán en gran medida a la hora de actualizar tu estrategia de marketing digital. Lo más importante a la hora de colaborar con personajes públicos y marcas es la coherencia y la autenticidad. La otra parte debe hablar el mismo idioma que tu marca y compartir valores similares. Si no es así, el rechazo podría ser mucho más fuerte del que puede sobrevivir tu marca en desarrollo.

Mejore al Máximo la Experiencia del Cliente en el Dispositivo Móvil

La gente depende cada vez más de sus dispositivos móviles para consultar e interactuar en las redes sociales. El uso de los dispositivos móviles se ha convertido en una tendencia y en un estilo de vida. Así es como la mayoría de la gente pasa su tiempo de trabajo y de ocio, así que tiene sentido centrarse en mejorar la experiencia móvil de sus clientes si quiere construir una marca fuerte y positiva. La interfaz móvil de su sitio web debe ser una continuación perfecta de la de escritorio. No debería haber apenas diferencias en cuanto a controles de navegación, calidad visual, velocidad de carga, etc. Puede ser un reto conseguirlo en el primer intento con fondos y recursos limitados. Con pruebas y errores y un montón de ensayos, deberías ser capaz de alcanzar un nivel de calidad del que estarías orgulloso.

Adáptese a los Cambios

Una de las principales ventajas que tienen las nuevas marcas frente a las antiguas y consolidadas es la flexibilidad, junto con la facilidad para cambiar su estrategia de marketing según las preferencias de los clientes. Cuando construya su marca, busque siempre formas de aprovechar este valioso activo. Esto permitirá asumir riesgos y probar nuevos enfoques sin tener que preocuparse por cambiar de rumbo cuando sea necesario. Si cree que la creación de una marca derivada para atender a otros grupos demográficos sería una buena idea basándose en su investigación, no dude en intentarlo. Divida su marca en diferentes sub-marcas y siga con sus cuentas de redes sociales en diferentes plataformas, luego evalúe la efectividad de esta táctica. Para mitigar las pérdidas, asegúrate de tener los elementos necesarios para volver a la configuración inicial en caso de que ésta no funcione.

Crear su marca es un proceso tedioso y exhaustivo. En este capítulo, hemos expuesto algunos fundamentos de marketing antes de profundizar en ellos. En el próximo capítulo, aprenderá todo sobre la creación de contenido de calidad, y cómo puede hacer un mundo aparte en cómo su marca es percibida por el público.

Capítulo 5: Crea Contenido de Calidad

En los capítulos anteriores, hemos explorado el poder de las redes sociales y su capacidad para reforzar la imagen de su marca. Aunque anunciarse y publicar en las redes sociales es fácil, el secreto para ganar más atención y destacar entre tus competidores es publicar contenido de alta calidad y que se pueda compartir.

La creación de contenidos de calidad es la clave para atraer a una mayor audiencia y mantenerla cerca de su marca. De hecho, la calidad de tu página de redes sociales es tan importante que debe ser prioritaria en tu planificación de contenidos. El tipo de contenido que publique hace más que simplemente atraer a seguidores y clientes potenciales. En lugar de lanzar una pésima propaganda, los gestores de las redes sociales deben centrarse en ofrecer contenidos de calidad y crear publicaciones que generen expectación. Algunas marcas prefieren la cantidad a la calidad, lo que acaba alejando a sus seguidores. No importa que publiques una vez cada dos o tres días; tu objetivo debe ser publicar contenido de calidad. Al mismo tiempo, la consistencia es fundamental. No agobies a tus seguidores con docenas de publicaciones cada día; aprovecha ese tiempo para elaborar tu plan de contenidos.

En lugar de perder el tiempo, en este capítulo iremos directamente al grano y hablaremos de formas tangibles de crear contenidos atractivos que te ayuden a conseguir más seguidores de forma orgánica.

Beneficios Derivados de la Creación y Publicación de Contenido de Alta Calidad

- **Fomente la Participación de su Audiencia:** El contenido de calidad genera instantáneamente muchos "me gusta", comentarios y acciones, lo que aumenta la participación de los usuarios.

- **Impulsar Más Ventas:** El tipo de contenido que publicas afecta indirectamente al número de productos que vendes.

- **Genera Credibilidad:** Tu negocio será conocido por la calidad de sus contenidos, lo que potenciará la confianza de tus seguidores en tu marca.

- **Crear una Nueva Imagen de Marca:** Si subes contenido que siga la paleta de colores, los elementos visuales y los valores de tu marca, en última instancia ayudará a remodelar la imagen de tu marca y a darle una nueva proyección.

Estrategias Efectivas para Crear Contenido Atractivo

Ahora que sabes por qué es esencial mantener la calidad del contenido en las redes sociales, debes aprender a hacerlo. Echa un vistazo a algunas de estas estrategias efectivas de creación de contenido para aumentar la interacción, ganar más seguidores y hacerte un nombre.

1. Utilizar Elementos Visuales

Dado que la mayoría de los usuarios de las redes sociales tienen una capacidad de atención de 3 segundos de media, es menos probable que lean una publicación de sólo texto. Además, no a todo el mundo le gusta leer párrafos largos. Simplemente pasarán su publicación, reduciendo así su impacto y desperdiciando sus esfuerzos. Para solucionar esto, utiliza tantas imágenes, vídeos y gráficos como puedas para que tus publicaciones sean autos explicativos, interesantes y visualmente atractivos. Si tu marca tiene una combinación de colores dedicada, añade los tonos en tus publicaciones para crear tu propia identidad. Una página dedicada a las redes sociales es visualmente consistente y tiene una identidad propia que la hace única. Ya sea una historia de Instagram o una publicación de Facebook, tu contenido solo será leído si contiene elementos visuales. Contratar a un diseñador profesional para conseguir consistencia visual en tus páginas de redes sociales puede ser una buena idea para ti.

2. Publicar Contenido Original y Único

Los contenidos copiados son extremadamente desagradables y pueden ser contraproducentes. No copies ni crees contenidos que ya han sido publicados. Puedes acabar perdiendo muchos seguidores, junto con tu credibilidad en algunos casos. Asegúrate de que tu contenido es original y proporciona resultados novedosos. Una forma de hacerlo es entendiendo a tu audiencia y adaptando el contenido en consecuencia. Cree personas consumidoras utilizando datos demográficos como el sexo, la edad, la nacionalidad, el nivel de ingresos, la educación, etc. Incluya criterios como los intereses, las aficiones y lo que le gusta o no le gusta para tener un conocimiento más profundo de su audiencia.

En caso de que se te acaben las ideas, puedes simplemente grabar vídeos entre bastidores y compartirlos en tus páginas. Esto acercará a tu audiencia a ti y les permitirá conocer a las personas que están detrás de los productos.

3. Utilizar Historias y Contarlas

Las historias son una táctica eficaz para acercar a la gente a su marca y relacionarla con sus valores. Este tipo de campañas pueden captar la atención al instante y hacerse virales, ya que muchos usuarios se sentirán identificados con ellas. Cuente historias a través de sus publicaciones. Desencadena las emociones compartiendo historias personales de la marca y de los miembros del equipo o graba una campaña que gire en torno a una bonita historia. Emociones como la alegría, la felicidad o incluso la tristeza hacen que el contenido sea más fuerte y altamente relacionable. En otras palabras, platique con su público en lugar de escribirles. Esto hará que tus seguidores se sientan más cercanos a tu marca, lo que es beneficioso para tu negocio a largo plazo. Evita copiar causas e historias que sean irrelevantes para tu marca, ya que pueden fracasar fácilmente.

4. La Interacción es Fundamental

Anima a tu audiencia a interactuar con tus publicaciones organizando concursos y ofreciendo recompensas, y pidiendo a tus seguidores que den "me gusta", comenten y compartan tus publicaciones. La inmensa repercusión que se produce hace que la inversión inicial valga la pena. Ése es el verdadero objetivo de las redes sociales: crear una interacción generada por los comentarios, los "me gusta" y las publicaciones compartidas. Crea tus propios hashtags y pide a tus seguidores que compartan sus historias personales etiquetando a tu marca y utilizando dichos hashtags. Los contenidos generados por los usuarios potencian la participación y aumentan el alcance de tu marca. Esto no sólo fomentará la interacción, sino que también hará que tu contenido sea más único. Paralelamente, haz que tu contenido sea compartible para que tus seguidores lo difundan a un público más amplio. Esto te ayudará a ganar más seguidores y a impulsar la presencia online de tu marca de forma significativa.

5. Aporte Valor a su Contenido

Las publicaciones informativas son muy atractivas y mantienen a tus seguidores cautivados. Digamos que tienes una marca que produce productos de maquillaje que no han sido probados en animales. Tus publicaciones pueden incluir información relacionada con la crueldad animal para educar a tus seguidores sobre los beneficios de elegir cosméticos libres del maltrato. Añade algunos datos y estadísticas que hayas investigado para que tu contenido sea más creíble. Como estas publicaciones no siempre son entretenidas, debes hacerlas visualmente atractivas. Tu objetivo es hacer que tus seguidores se detengan un momento cuando naveguen por las redes sociales y vean tu contenido.

La mejor manera de hacer fluir las publicaciones informativas es utilizar infografías, que utilizan elementos visuales y datos para explicar un tema complejo de forma sencilla, facilitando así su apreciación por parte de todo tipo de personas. Las infografías también tienen un aspecto sencillo y atractivo, lo que resuelve el dilema de la capacidad de atención limitada.

6. Sigue las Tendencias y la Actualidad

Los temas de tendencia tienden a llegar a un público más amplio, dada la tracción que generan entre los usuarios. Varias redes sociales también trabajan con algoritmos que aumentan la visibilidad de las publicaciones que siguen las tendencias y las últimas noticias.

Las publicaciones relacionadas con las nuevas tendencias y la actualidad son ampliamente leídas por los usuarios de las redes sociales y circulan en gran medida por las plataformas. Las noticias del sector en tiempo real también harán maravillas con tu imagen en las redes sociales, ya que tus seguidores esperarán con impaciencia tus publicaciones. Al tratar temas delicados como el racismo, el feminismo o los derechos LGBT, piénsatelo dos veces, ya que pueden provocar reacciones negativas en tu audiencia. Si tu marca apoya valores fuertes, toma ese camino abiertamente y sigue tus creencias. Si es posible, inicie su propia tendencia y difúndela en las redes sociales para llamar la atención y obtener un reconocimiento valioso.

Para incorporar con éxito contenidos relacionados con la actualidad, hay que estar atento y contar con un diseñador que publique la noticia tan pronto como se produzca. Cuanto antes se publique, mayor será el compromiso y la atención que se genere. Añade una llamada a la acción en tus publicaciones o en el pie de foto para instar a tus seguidores a interactuar con tu contenido.

7. Utilice Humor en sus Publicaciones

Si quieres que tu lenguaje en las redes sociales sea ligero y relajado, utilizar el humor es una opción ideal. Varias marcas han mejorado su presencia en las redes sociales utilizando el humor. No siempre es necesario producir imágenes y vídeos graciosos; publicar una frase ingeniosa en Twitter puede servir de mucho. He aquí algunos ejemplos para entender este escenario. Una conocida empresa de papel higiénico, Charmin, tuitea frases humorísticas con el hashtag "tweetfromtheseat", lo que ha atraído la atención de los usuarios online. Otra marca que entiende el valor del humor es la popular empresa de galletas Oreo. Son conocidos por sus extravagantes respuestas y divertidas imágenes en sus redes sociales.

Independientemente del momento y del tipo de publicación, el ingenio, los juegos de palabras y el humor ligero siempre son bien recibidos por el público. Si consigues hacer reír a tu audiencia, esperarán tus publicaciones cada día y se convertirán en clientes fieles.

Estas siete estrategias para crear contenidos de calidad son absolutamente ganadoras y le ayudarán a mejorar sus resultados en las redes sociales. Mezcla y combina todos los consejos mencionados anteriormente para crear un impacto fuerte y permanente. Cuando publique, escriba su pie de foto con precisión, utilice hashtags y etiquete cuentas relevantes. Publica tu contenido cuando la interacción y el compromiso parezcan ser mayores. Investiga el horario ideal de publicación y cúmplelo. Por último, considere la posibilidad de contratar a un diseñador profesional para que cree contenidos de alta calidad, ya que posee una gran habilidad para los elementos visuales y ayudará a que su página de redes sociales tenga un aspecto estético atractivo. En última instancia, su objetivo principal es impulsar la acción del consumidor a través de su contenido. Después de todo, ¡el contenido es el rey!

Capítulo 6: Crea Tu Estrategia de Redes Sociales

Llevar tu marca a las redes sociales sólo dará resultados si elaboras una estrategia para tus acciones y creas un plan de marketing eficaz. Esto es especialmente importante si no puedes permitirte el lujo de contratar a un profesional del marketing en redes sociales. Como la mayoría de las marcas empiezan con poco presupuesto y muchas aspiraciones, acertar con el marketing es crucial. Tu estrategia en las redes sociales es la clave del éxito de tu empresa, como han demostrado los últimos 3 o 4 años, dado el fenomenal auge de la popularidad de las redes sociales.

Este capítulo ofrece un enfoque paso a paso para elaborar una estrategia de redes sociales eficaz que beneficie a su empresa.

Paso 1: Establece tus Objetivos

Para obtener resultados efectivos, empiece por establecer sus objetivos, ya que le dará una visión clara de lo que desea lograr y estará en la dirección correcta. ¿Qué quiere que consiga su marca con el marketing en redes sociales? ¿Es crear una presencia en línea, atraer más clientes, ganar reconocimiento, diferenciarse de la competencia o impulsar más ventas? Si no establece objetivos desde el principio, no tendrá un rumbo definido al que llegar.

Establezca Objetivos INTELIGENTES

Específicos: Tus objetivos deben estar bien definidos y planteados con una visión clara. Es decir, plasmarlos en objetivos tangibles para poder alcanzarlos fácilmente.

Cuantificables: Los objetivos tangibles le permiten saber si sus estrategias están funcionando o no. Deben ser cuantificables en números.

Alcanzables: No tiene mucho sentido fijarse objetivos que son difícilmente alcanzables. Establezca sus objetivos en función del tiempo, el presupuesto y el calibre de que dispone. Aspirar a conseguir 100.000 seguidores antes de que acabe el año, aunque sea admirable, es una posibilidad remota y casi imposible de alcanzar.

Relevantes: Tus objetivos deben estar en consonancia con tu estrategia de redes sociales. Por ejemplo, si quieres crear conciencia de marca, establecer objetivos para mejorar el servicio al cliente puede parecer irrelevante.

Con Límite de Tiempo: Cuando se trata de marketing en redes sociales, todas las marcas quieren conseguir más seguidores y aumentar su alcance en el menor tiempo posible.

Dado que las redes sociales tienen el poder de satisfacer esta necesidad, elabore sus objetivos basándose en un calendario específico y estratégico.

El enfoque de los objetivos INTELIGENTES funciona siempre si se aplica correctamente, lo que también es cierto con las redes sociales. Establecer objetivos también le ayuda a reducir el número de redes sociales en las que puede promocionar su marca. Como se ha mencionado anteriormente, no hay que elegir más de dos o tres redes sociales. Un objetivo elaborado utilizando el enfoque INTELIGENTE le dará una visión clara y hará que su estrategia en las redes sociales sea factible.

Paso 2: Determine Su Público Objetivo

Utilizar las redes sociales con fines de marketing implica llegar al tipo de público adecuado para captar su atención y aumentar su alcance. Esto sólo se puede conseguir dirigiéndose al grupo de usuarios adecuado. Veamos cómo conseguirlo.

Tenga en Cuenta los Datos Demográficos de los Clientes

Tenga en cuenta los datos demográficos de su público objetivo para definir a su cliente ideal y aumentar su alcance. Esto incluye factores como la edad, el sexo, la nacionalidad, la ubicación, la profesión, la educación, el nivel de ingresos, los intereses personales, etc. Recuerde que estas personas son reales, con necesidades y deseos reales, y que centrarse en ellas le ayudará a definir su estrategia en las redes sociales.

Investigar los Hábitos de los Usuarios en las Redes Sociales

Una vez que defina su público objetivo, es el momento de profundizar. Comience por investigar los hábitos de los usuarios en varias redes sociales para conocer mejor a sus seguidores. Familiarícese con lo que les gusta, lo que no les gusta, sus plataformas favoritas, el tiempo promedio que pasan en las redes sociales y la forma en que interactúan con las marcas en las redes sociales.

También debes tener en cuenta el tipo de plataforma que utilizan tus clientes potenciales. Por ejemplo, es posible que los mayores de 35 años utilicen más Facebook que la población de la Generación Z, pero no hagas suposiciones sin realizar antes una investigación adecuada.

Cree un Perfil de su Cliente

Al recopilar estos datos, puede definir fácilmente su público objetivo y crear contenidos basados en sus intereses. Por ejemplo, las marcas que promocionan productos para bebés probablemente definirán su público objetivo como mujeres de 20 a 40 años. Del mismo modo, si su empresa fabrica productos para el afeitado, su público ideal son los hombres de entre 17 y 65 años.

Tenga en cuenta que su público ideal seguramente evolucionará con el tiempo, de ahí la importancia de actualizar periódicamente su perfil de cliente.

Paso 3: Investigue el Mercado

Siempre es crucial entender el mercado, estudiar los recursos disponibles y aprender más sobre sus competidores para crear una estrategia de redes sociales significativa.

Seguimiento de las Métricas de Vanidad

Aunque la mayoría de las redes sociales ofrecen elementos de análisis para medir el número de "me gusta", seguidores y alcance, el seguimiento de las métricas de vanidad le ayudará a comprender el valor real de su estrategia en las redes sociales. Hay que centrarse en aspectos como las tasas de conversión, los clics y la participación. Las métricas que investigues también varían en función de la plataforma en cuestión, tus objetivos y tu público objetivo. Por ejemplo, si tu objetivo principal es crear conciencia de marca, debes contar el número de "me gusta" y "compartidos" de tus publicaciones en Instagram; asimismo, los clics deben medirse en LinkedIn para convertir clientes potenciales y atraer más tráfico. El coste por clic (o CPC) es otra métrica valiosa utilizada en Facebook. Utiliza herramientas de análisis online gratuitas y de pago, como Google Analytics y StatCounter, para recopilar datos relevantes.

Elige una Plataforma

El contenido que crees también debe estar en consonancia con la plataforma que elijas para promocionar tu negocio. La plataforma ideal para comercializar tu marca depende del tipo de productos o servicios que vendas, así como del mensaje que quieras difundir. Por ejemplo, las marcas que venden artículos de alimentación o ropa deberían optar por Instagram, Facebook o Pinterest, ya que estas plataformas admiten contenido visual. Por el contrario, una empresa especializada en la transferencia de dinero y divisas probablemente optará por Twitter y LinkedIn. Por supuesto, esto también depende de su público objetivo y del tipo de plataforma que utiliza. Los usuarios establecidos anteriormente le ayudarán a hacer una elección ideal. Herramientas como Google Analytics ayudan a supervisar el tráfico de un sitio web y a acotar las búsquedas en función de las plataformas utilizadas por un público concreto. A continuación, puede adaptar los resultados de la búsqueda a su público objetivo definido.

La Regla de los Tercios

Aunque establecer y seguir un objetivo es vital, seguir la regla de los tercios hará que su negocio fluya y su actividad en las redes sociales sea fuerte. Esto no solo atraerá a más seguidores y clientes potenciales, sino que también ayudará a retener a sus seguidores y clientes actuales. Con la regla de los tercios, podrá obtener más ingresos y potenciar su presencia en las redes sociales.

De acuerdo a esta regla:

- Un tercio de sus contenidos y publicaciones deben estar relacionados con los valores, ideas, pensamientos o tendencias de su empresa que giran en torno a los productos y servicios que usted promociona. También puede incluir contenido promocionado por un competidor directo o una marca similar.

- Un tercio de tus publicaciones fomentan la promoción de tu negocio subiendo contenidos relacionados con tus productos o servicios. Esto convertirá sus clientes potenciales en clientes y estimulará el crecimiento de los ingresos.

- Por último, un tercio de tu contenido debe estar dedicado a generar participación de los usuarios y acercar a tu audiencia a tu marca.

Al igual que las personas odian a las que son egoístas, pueden despreciar los negocios que se limitan y establecen límites. En este caso, colaborar con otras marcas o renovar su contenido puede ayudarle a llevar su negocio a otro nivel.

Por último, aprende más sobre tus competidores, el contenido que publican y las plataformas que utilizan. Una vez reunidos estos datos, profundiza en la participación de tus competidores en las redes sociales. Aprende lo que les funciona y aplica las mismas estrategias. Por aplicar, nos referimos a inspirarse en el enfoque y no a copiar directamente el contenido. Presta atención a la voz y el tono del contenido publicado, los medios utilizados y el tipo de contenido para adoptar las estrategias que funcionarán para tu marca.

Paso 4: Prepare un Plan de Contenido

Un plan de contenidos es crucial para reforzar la presencia de su empresa en las redes sociales. Como ya sabes, el contenido es el rey; el tipo de contenido que publiques hará que tu marca se muestre en línea. Si bien la producción de contenidos de calidad es importante, el momento y la forma de publicarlos son igualmente vitales. Siga estos pasos para diseñar un plan de contenidos y aténgase a él para optimizar la presencia online de su marca.

Enfócate en el Contenido de Calidad

Capte la atención de su público creando contenidos relacionables y visualmente atractivos. Debe ser interactivo y compartible. Una gran parte de tu presencia y credibilidad en Internet viene determinada por la calidad de tus publicaciones.

Desarrollar una Identidad Visual

Cuando un nuevo usuario ve su página en las redes sociales, debe ser capaz de relacionarse con su imagen de marca. Una identidad visual distinguida es esencial para destacar entre tus competidores y ganar reconocimiento. Las marcas inexpertas suelen cometer el error de crear múltiples identidades visuales, lo que acaba confundiendo a su público. Una identidad visual distinguida puede desarrollarse mediante el uso de un conjunto de colores determinado, el respeto de un tema o el uso coherente de ciertos elementos visuales. Por ejemplo, Dropbox utiliza un conjunto de ilustraciones sencillas dibujadas a mano que se utilizan de forma coherente en sus publicaciones en las redes sociales. Cuando un usuario mira su página, puede reconocer instantáneamente la marca, lo que hace que su identidad visual sea un éxito. El intercambio de ideas sobre el contenido y los guiones gráficos pueden ayudarte a crear una identidad visual y a seguir el proceso sin esfuerzo. Cuando elabore su plan de contenidos, tenga en cuenta su identidad visual, ya que simplificará el proceso y le servirá de inspiración para el tipo de contenido que puede publicar.

La Consistencia es la Clave

Aunque su contenido sea de alta calidad y tenga el potencial de llegar a millones de usuarios, no logrará que su contenido llegue a un público más amplio si no publica de forma constante. Cuando se trata de marketing en redes sociales, la consistencia es la clave.

Programe sus publicaciones e idee un plan para las próximas dos semanas. Dado que ya tienes listo el plan de contenidos y tienes claro el tipo de publicaciones que vas a subir, tu equipo de diseño puede ponerse a trabajar y prepararlas para las próximas semanas. Una vez que las publicaciones estén listas, puedes programarlas y subirlas a los canales que ofrecen funciones de publicación automática. Una de estas herramientas de programación es CoSchedule, o bien puedes utilizar una plantilla de calendario basada en un modelo de hoja de cálculo. Introduce la fecha y la hora, sube tus publicaciones y añade un pie de foto atractivo con hashtags relevantes. También puedes etiquetar cuentas para aumentar tus posibilidades de aparecer en páginas populares.

Paso 5: Considere Diferentes Tipos de Marketing

Aunque el marketing en redes sociales es un nicho definido dentro de la disciplina publicitaria y promocional, puedes optar por la diversificación y utilizar diferentes tipos de marketing para lograr tus objetivos.

Marketing de Influencer

El marketing de influencers es una estrategia de promoción nueva y muy aclamada que utilizan tanto las grandes como las pequeñas empresas en las redes sociales. Las marcas contratan a personas influyentes, es decir, celebridades de las redes sociales conocidas por su capacidad de "influir" en sus seguidores. Estos blogueros suelen elegir un tema específico, como la moda, la belleza, el maquillaje, la salud, el fitness o los viajes, y ofrecen reseñas y consejos a sus seguidores, que siguen religiosamente sus consejos. Puedes aprovechar estas colaboraciones y contratar a influencers para promocionar tus productos y generar nuevos contenidos. Las marcas contratan a micro y megainfluenciadores en las redes sociales para conectar con su público objetivo y aumentar su número de seguidores de forma orgánica. Aunque algunos influencers piden una tarifa considerable, el compromiso generado hace que la inversión valga la pena.

El microinfluencer es un nicho creciente dentro del marketing de influencers, en el que se contrata a blogueros con 10.000 o menos seguidores para promocionar todo tipo de productos. Como estos influencers tienen seguidores dedicados y un amplio alcance, puedes dirigirte a varios clientes potenciales a la vez sin gastar mucho dinero. Además, los micro-influenciadores suelen esforzarse mucho en producir contenidos creativos para conseguir más oportunidades de este tipo en el futuro. Al final, esto da a tu producto una nueva cara y a tu página de redes sociales un contenido innovador que publicar.

Marketing Visual

El marketing visual es otra estrategia eficaz en las redes sociales, ya que atrae a todo tipo de público a nivel internacional. Dado que la mayoría de las plataformas están diseñadas para fomentar la publicación de contenidos visuales, hay que aprovechar al máximo su interfaz. Las redes sociales han penetrado en todos los aspectos de la vida de una persona, y más del 80% de los usuarios interactúan con contenidos visuales. En la actualidad, más del 74% de los profesionales del marketing digital incorporan contenidos visuales y publicaciones estéticas como parte de su estrategia de marketing para complacer a su audiencia.

Aprovechando el poder de esta forma de marketing, puedes impulsar la interacción y acercar a tu audiencia a tu marca. Como se ha mencionado anteriormente, crear una identidad visual y hacer publicaciones atractivas es crucial para atraer a los usuarios y mantenerlos entretenidos.

Marketing de Afiliados

Este tipo de marketing es similar al marketing de influencers, en el que las marcas contratan a creadores de contenidos e influencers para promocionar sus productos. La única diferencia es el método de pago. Mientras que el marketing de influencers implica el pago de una cantidad fija a los influencers por promocionar un producto, el marketing de afiliación paga a los creadores de contenidos en función del número de productos que venden o de los leads que generan. En este último caso, los creadores de contenidos reciben un código de afiliación único vinculado a su ID. Crean contenidos en torno al producto y ofrecen un código a sus seguidores que deben introducir al comprar el producto en el sitio web de la marca.

El creador de contenidos también debe ofrecer una llamada a la acción para que sus seguidores visiten la página inicial de la marca. Cuando promocionan su producto y generan clientes potenciales, las marcas rastrean las cookies para ver si el tráfico se genera desde el lado del creador. Luego se les paga una cantidad, normalmente una comisión o un porcentaje, en función del número de ventas que hayan podido generar. El marketing de afiliación es beneficioso para las empresas, ya que sólo paga por el número de ventas o clientes potenciales generados.

Paso 6: Promueve tu Contenido

Siempre hay que conseguir que los contenidos lleguen al mayor número de personas posible para aumentar la visibilidad de la marca. Esto se puede conseguir promocionando su contenido aprovechando diversas estrategias. Después de todo, no puedes esperar que tu contenido se promueva por recomendaciones de boca en boca y experimente el éxito de la noche a la mañana; se necesitará dedicación, tiempo y esfuerzo para que tus estrategias tengan éxito.

Me gusta, Comentarios e Interacción con Otras Marcas

Atraerás la atención y fomentarás el compromiso si se lo das a otros en primer lugar. Al dar "me gusta", comentar y compartir las publicaciones de otras marcas y personas influyentes, puedes esperar el mismo apoyo de los demás. Sé creativo cuando escribas comentarios para conseguir más "me gusta" y visitas al perfil. Como marca, los comentarios y las respuestas ingeniosas y alentadoras harán maravillas con tu presencia en las redes sociales.

Crea una Comunidad En Línea

Plataformas como LinkedIn y Facebook albergan comunidades en línea con miembros que comparten valiosas ideas y discuten temas relevantes. Se trata de una forma eficaz de llegar a su público objetivo y construir un alcance orgánico. Incluso si su página de redes sociales ha estado inactiva durante un tiempo, estas comunidades ayudan a mantener vivos los niveles de interacción y compromiso de su marca.

Las comunidades online en grupos de Facebook, foros de discusión de Reddit e hilos de Twitter reúnen a personas con ideas afines que entablan conversaciones interesantes relacionadas con un tema específico. A veces, las empresas proponen una agenda e invitan a los miembros de la comunidad a expresar sus ideas y opiniones. Dado que la comunicación es esencial para crear compromiso y promover cualquier negocio, la creación de comunidades en línea es un método probado para mantener a su audiencia entretenida. También mejora el servicio al cliente, ya que los miembros tienen libertad para preguntar sobre el enfoque de la marca o responder al lanzamiento de un nuevo producto. Para mantener el sentimiento y la pasión entre su público, asegúrese de que se les escucha y de que se reconocen sus opiniones.

La Importancia de las Llamadas a la Acción (CTA)

Como se ha mencionado, las funciones eficaces de llamada a la acción son fundamentales para compartir su contenido en varias plataformas en las redes sociales. Si creas contenido valioso, dale a tu audiencia la oportunidad de compartirlo fácilmente. Aunque la mayoría de las plataformas ofrecen funciones compartibles en las historias, los comentarios y los mensajes personales, debes ofrecer una CTA potente a tu audiencia si quieres que visiten tu página web de destino y compren tus productos (es decir, si tu objetivo final es generar más clientes potenciales e impulsar más ventas). A la hora de promocionar tus publicaciones en las redes sociales, incorpora las CTA de forma natural. No deben parecer forzados ni excesivamente promocionales. Los CTAs únicos, genuinos y creativos llegan muy lejos, y tu contenido se compartirá más allá de las expectativas. Por ejemplo, organizar concursos, hacer preguntas, organizar pruebas y ofrecer servicios gratuitos son algunas de las formas en las que puedes incorporar las CTA en tu contenido.

Publique Anuncios en las Redes Sociales

La mayoría de las redes sociales ofrecen funciones de promoción y la posibilidad de publicar anuncios para llegar a su público objetivo. Por ello, dedica una parte de tu presupuesto de marketing a promocionar tus contenidos en las redes sociales con anuncios de pago. Plataformas como Instagram y Facebook ofrecen promociones de pago con una tarifa diaria específica basada en el número de usuarios a los que desea llegar. También puedes especificar el tipo de público al que quieres llegar introduciendo detalles demográficos y delimitando la búsqueda. Esto te ayuda a conseguir más seguidores orgánicos. El algoritmo de estos anuncios de pago se dirige a los usuarios que están interesados en estilos y lenguajes similares, lo que les anima a seguir tu página. De nuevo, tu contenido debe ser potente y atractivo para los usuarios para ganar más seguidores y cumplir tus objetivos de marketing.

Estos pasos garantizarán que tu marca se promocione ante el mayor número de personas posible y obtenga la visibilidad online que necesita. Prestando atención a los detalles, no necesitarás contratar a un especialista en redes sociales para mejorar tu número de seguidores, construir la imagen de tu marca e impulsar más ventas.

Lo más importante es que te mantengas fiel a tus valores y al mensaje que quieres transmitir, ya que esto afectará a la credibilidad de tu marca. A veces, basta con una publicación viral para que tu página y tu estrategia en las redes sociales se conviertan en un éxito de la noche a la mañana. Incluso si su publicación se vuelve viral, no necesariamente ganará muchos seguidores si su identidad virtual no parece prometedora. Es entonces cuando una estrategia de redes sociales eficaz y bien pensada llegará y le permitirá disfrutar de la atención que su marca merece.

Capítulo 7: Mejore su Alcance e Interacción con el Público

Llegamos a una de las preguntas más frecuentes, sobre todo porque no tiene una respuesta directa: ¿Cómo mejorar el alcance de su marca y potenciar la participación en las redes sociales? Esta es la pregunta que tanto los emprendedores como las marcas multimillonarias dedican horas de su "tiempo en pantalla" a intentar descifrar. Aunque resolver el algoritmo es un asunto complicado, es definitivamente factible. Al final de este capítulo, deberías tener una idea clara de cómo manipular el algoritmo a tu favor y aprovecharlo para sacar el máximo partido a tus redes sociales. Así que, ¡manos a la obra!

¿Qué Son Exactamente los Algoritmos?

Antes de profundizar en cómo se puede ganar a los algoritmos de las redes sociales, es importante entender qué son en primer lugar. El propósito de los algoritmos es filtrar las publicaciones en estas plataformas según su relevancia para los usuarios. Ahora bien, para hacer crecer tu marca en las redes sociales, debes encontrar la manera de crear el tipo de contenido que atraiga al algoritmo de las diferentes redes. De este modo, tus publicaciones generarán más interés y llegarán a más usuarios.

Sigue leyendo para conocer estrategias sencillas que te ayudarán a conseguirlo.

Mantener la Conversación

Los algoritmos de las redes sociales se fijan en las cuentas que saben mantener a sus seguidores comprometidos. Las encuestas frecuentes y las invitaciones a los seguidores para que compartan sus opiniones han demostrado su éxito a la hora de mantener la conversación entre las marcas y sus seguidores. El concepto de las redes sociales es conectar a la gente, así que tiene sentido que esta sea la clave para ampliar el alcance de su marca. Estudia los comportamientos online de tu público objetivo, averigua qué cuentas siguen, así como qué publicaciones les gustan y comparten con sus amigos y seguidores. Esto le dará una idea de las publicaciones que les interesan y les hacen sentirse cómodos. Dado el enorme volumen de publicaciones diarias en todas las redes sociales, procure aportar algo nuevo. No tiene que ser un concepto totalmente inédito, pero tiene que parecer que te has esforzado en pensar en tu contenido antes de publicarlo. Si hay algo que los usuarios de las redes sociales desprecian es la monotonía y la falta de creatividad.

Descubra Cómo Usar los Hashtags

Los hashtags agrupan contenidos similares para facilitar que los usuarios interesados encuentren las publicaciones que les gusten. Si hay demasiados, las publicaciones resultan molestas; si hay pocos, son completamente inútiles. Encontrar el número correcto de hashtags relevantes para usar en tus pies de foto puede ser un reto. Según los expertos en redes sociales, el número ideal de hashtags por publicación varía de una plataforma a otra. En el caso de Facebook y Twitter, de 1 a 2 hashtags son suficientes para llamar la atención de tu marca. En cambio, Instagram anima a los usuarios a utilizar hasta 30 hashtags por publicación. Sin embargo, no es sólo una cuestión de cantidad; elegir los hashtags adecuados para cada publicación hará que tu marca sea más visible y accesible para nuevos usuarios. Aunque el método de prueba y error puede ayudarte a identificar los hashtags que mejor funcionan, puede llevar mucho tiempo y no ser tan preciso como se espera. El uso de una herramienta de análisis de redes sociales puede acelerar el proceso y proporcionarle datos más fiables. En cuestión de segundos, podrás ver los hashtags más populares y los de mayor duración.

El siguiente paso es contrastar esta información con tu público objetivo y asegurarte de que, efectivamente, esos hashtags les resultan interesantes. Después, tendrás que evaluar el rendimiento de tus hashtags para valorar si tu estrategia está dando resultados. Utilizando la misma herramienta de análisis, puedes averiguar qué hashtags están fomentando la mayor participación. Una vez que sepas cómo funcionan los hashtags, y después de haber incorporado los que son tendencia en tu contenido, querrás dar un paso más y crear tu propio hashtag de marca. El seguimiento del rendimiento de tu hashtag de marca te dará una respuesta infalible cuando se trate de saber cuánto se ve tu marca en las redes sociales. Ten en cuenta que, para cosechar los frutos de un hashtag de marca, es importante asegurarte de que sea consistente con la imagen de marca única que estás tratando de transmitir.

Publicar Diferentes Tipos de Contenido

Para maximizar tu alcance, tienes que experimentar con diferentes tipos de contenido. Las cuentas que mejor funcionan en las redes sociales son las que publican una combinación de contenido de texto, imágenes fijas, memes y GIF, con especial atención a los vídeos. Por si no lo sabías, los vídeos son uno de los tipos de contenido más atractivos, por no decir el más atractivo, en todas las plataformas. Un vídeo bien ejecutado subido directamente a tu página web (en lugar de un enlace) animará a tus seguidores a compartirlo varias veces.

Para ir un poco más allá, prueba a hacer vídeos en torno a una noticia interesante de la que todo el mundo hable. Tus cuentas en las redes sociales te dan la oportunidad de opinar sobre la actualidad y mostrar la participación de tu marca de forma inteligente y sutil. Evite ignorar el tema y promocionar descaradamente sus productos y servicios cuando el tema sea delicado. Por regla general, hay que mantener un buen equilibrio entre las publicaciones promocionales y las informativas para no parecer prepotente u oportunista.

Salir en Directo Al Menos Una Vez a la Semana

Las funciones en directo de Instagram y Facebook pueden ayudar a aumentar el compromiso de tus seguidores actuales y atraer a otros nuevos. Además, añaden a tu marca el elemento humano que más atrae a los usuarios de hoy en día. No es necesario que lleves a cabo una sesión en directo con guión. Dicho esto, es mejor tener una estructura para mantener a tu audiencia conectada y obligarla a participar en la conversación. Prepara el terreno para tus sesiones semanales en directo publicando avances sobre tu próximo invitado e insta a tus seguidores a que se preparen con sus preguntas. También puedes organizar un concurso mensual con un hashtag específico para promocionar tus sesiones en directo más allá de tu base de seguidores.

Programe Bien Sus Publicaciones

En general, cuanto más frecuentemente publiques, más posibilidades tendrás de aumentar el alcance de tu marca y el número de seguidores. Como probablemente tengas otras tareas que atender, debes encontrar una forma inteligente de programar tus publicaciones para lograr la máxima eficacia. Utilizando una herramienta de programación, puedes averiguar fácilmente las horas de mayor actividad de tus seguidores. En cuanto a la frecuencia de las publicaciones, dos veces al día se considera adecuado para la mayoría de las plataformas. Los expertos en marketing en redes sociales recomiendan crear contenidos masivos semanalmente, para tener siempre material fresco listo para publicar. La herramienta de programación te permitirá subir tus contenidos cuando lo consideres oportuno. Por supuesto, tienes que responder a tus seguidores de manera oportuna, lo que nos lleva al siguiente punto.

Responder a Tus Seguidores

Responder a todos los comentarios y mensajes directos puede resultar desalentador, sobre todo porque una buena parte será spam, pero vale la pena dedicarle tiempo y esfuerzo. Dada la feroz competencia, la capacidad de respuesta es un elemento diferenciador clave entre una marca que se preocupa de verdad por sus clientes y otra cuya única motivación son los beneficios. Dedica al menos una hora diaria de tus actividades en las redes sociales a responder a las consultas de tus seguidores. Analizar el tipo de preguntas y comentarios que recibes te abrirá los ojos a las mejoras que necesitas para que tus páginas en las redes sociales sean más atractivas para tu público objetivo.

Intente limitar las respuestas automáticas, especialmente si sus seguidores expresan su frustración por problemas de envío o de calidad del producto. De hecho, en estos casos, no solo debes tender la mano y tratar de resolver los problemas de tus clientes, sino que debes aprovechar la oportunidad para mostrar tu estelar servicio de atención al cliente y ofrecer una compensación siempre que tu presupuesto lo permita.

Pida Lo Que Sea, Directamente

No hay que avergonzarse de pedir a los usuarios de las redes sociales que sigan tus cuentas y compartan tus contenidos. Mantenga su llamada a la acción visible y destáquela para obtener resultados óptimos. Piensa en tus cuentas de redes sociales como en tu firma. En tus correos electrónicos, tarjetas de visita y en todas las páginas de tu sitio web, pon los enlaces de tus redes sociales, obligando a los usuarios a seguirte, suscribirse y compartir.

Aumentar tu base de seguidores en las redes sociales requiere paciencia y tiempo si quieres conseguirlo de forma auténtica y orgánica. Las tácticas mencionadas en este capítulo te ayudarán a lo largo de este proceso y te recordarán lo que hay que hacer en cada etapa. En las próximas páginas, podrás explorar diferentes herramientas de marketing en redes sociales y aprenderás cómo cada una de ellas puede ayudarte a hacer crecer una marca exitosa y atractiva.

Capítulo 8: Herramientas de Marketing en Redes Sociales

El marketing en las redes sociales se basa en principios sencillos que se centran en atraer tráfico y maximizar el alcance de las publicaciones. A medida que los algoritmos de las redes sociales se convierten en formas más complejas, el análisis de todos estos datos puede resultar difícil sin el uso de software de análisis y herramientas de marketing. Solucionar un problema que está afectando negativamente a toda tu estrategia de redes sociales puede llevar tiempo si no aprovechas la potencia de un software específico. Ofrecer un gran contenido no se logra mencionando un montón de nombres o escribiendo plantillas; se necesita tiempo, recursos y las herramientas adecuadas para elaborarlo correctamente y lograr un impacto.

Biteable

Los contenidos creados específicamente para las redes sociales son una parte integral de su estrategia de marketing. El impacto del contenido visual no es nuevo para los profesionales del marketing. Según Twitter, el contenido visual fomenta el triple de compromiso en comparación con su homólogo textual. Ya sea en Twitter o en Facebook, debes asegurarte de que tu contenido sea visual, más que nada. Aquí es donde entra en juego Biteable. Al utilizar Biteable, no es necesario contratar a un equipo de diseñadores gráficos o animadores para producir contenidos compartibles en las redes sociales. Esta herramienta basada en la web cuenta con una buena cantidad de plantillas, secuencias, música de fondo y animaciones gratuitas. Además, no es necesario aprender a manejar equipos de estudio, porque Biteable hace que el proceso sea ágil y fácil de usar.

Buffer

Buffer alcanzó la fama de ser una de las mejores herramientas de programación para Twitter. Su éxito no tardó en extenderse a otras plataformas de redes sociales como Google, LinkedIn y Pinterest, entre otras. Buffer tiene una extensión propia que facilita arrastrar y soltar el contenido a su cola y luego compartirlo. En caso de que publiques muchos enlaces, te resultará cómodo con las funciones de sincronización que ofrece con Bitly. Si lo deseas, puedes subir tus propios medios o arrastrarlos desde la web a la programación. También se puede hacer un seguimiento del rendimiento de tus contenidos directamente desde la aplicación, lo que te ofrece una visión general y detallada. Si quieres consolidar tus interacciones, Buffer te ayudará a responder a las publicaciones desde dentro del software en lugar de tener que cambiar entre tu plataforma de elección y la aplicación.

Buzzsumo

El primer paso en cualquier estrategia de marketing es investigar a sus competidores. Al elaborar una estrategia desde el principio, estarás perjudicando a tu negocio antes de empezar si no sabes lo que hacen tus competidores y cómo lo hacen. Las herramientas de investigación son populares por esta misma razón, y Buzzsumo es una de las mejores herramientas entre ellas. Te ayudará a ver el rendimiento de tus contenidos frente a la competencia y quiénes son exactamente los que ayudan a que se compartan. Gestionar una larga racha de creación de contenidos de alta calidad es más difícil de lo que crees; a veces, lo harás muy bien durante un buen tiempo, y otras veces sentirás que no tienes ni idea de lo que estás haciendo. Las herramientas de investigación aumentarán tus probabilidades de éxito porque tendrás una base en la que apoyarte para tus contenidos.

Buzzsumo es ideal para encontrar el contenido adecuado que puedes compartir en las plataformas sociales, ya que podrás ver lo que más se comparte en cada momento. También te proporcionará una base de datos fiable de influencers que cubren los mismos temas que te interesan. Si estás esperando que aparezcan ciertas palabras clave, enlaces o nombres, puedes configurar alertas para recibirlos una vez que aparezcan en la plataforma social. Tómate el tiempo necesario para seguir el avance de tus competidores y céntrate en analizar sus contenidos en consecuencia. Una vez que tengas una lista de las principales palabras clave que interesan a tu público objetivo, investígalas con Buzzsumo para encontrar los temas más adecuados que deberías compartir y publicar.

MeetEdgar

Si quieres crear y programar contenidos de forma consistente, querrás tener un gestor de contenidos a tu lado para hacer el trabajo. El reto es que tal vez no tengas el presupuesto para conseguir uno, o tal vez seas una empresa unipersonal; aquí es donde MeetEdgar puede ayudarte. Como software de gestión de redes sociales, MeetEdgar se encargará de compartir y volver a compartir tu contenido, ajustando tu tráfico social para cumplir el objetivo. Se centra en acciones automatizadas que tienen efectos fiables y tangibles en el tráfico. No tendrás problemas para configurarlo en Facebook, Twitter y LinkedIn. Crear contenido y olvidarse de él es un gran error, por lo que el uso de MeetEdgar se asegurará de que tus redes sociales estén llenas de tu contenido, aumentando tu tráfico mientras te comprometes con tu audiencia. La programación es bastante elaborada, ya que te permite combinar diferentes tipos de contenido en función de su categoría (texto, imágenes fijas, vídeos).

Hootsuite

Si trabajas en varias redes sociales, nada puede ser más útil que un único panel de control que agrupe todos los mandos. En lugar de ir de un lado a otro de las cuentas de redes sociales, puedes registrarte en Hootsuite de forma gratuita. Lo mejor de esta herramienta es que está diseñada para sincronizar las colaboraciones entre los gestores de redes sociales y sus equipos, por no hablar del proceso de aprobación de contenidos. Además de colocar la actividad social en una única interfaz de seguimiento, permite delegar tareas a los miembros del equipo y programar actualizaciones periódicas. Desde las plataformas basadas en la comunidad, como Reddit y Tumblr, hasta las sociales, como Facebook y YouTube, un experto en marketing digital tiene todo lo que necesita para seguir de cerca el rendimiento y los análisis de su marca con Hootsuite.

Mention

Tan intuitivo como suena su nombre, Mention es una herramienta de escucha social muy versátil que te permite monitorizar cualquier mención de tu marca, productos, servicios e incluso las menciones de tu competencia a través de métricas en tiempo real. La buena noticia es que Mention está bien integrada y te permite sincronizar con diferentes redes sociales, ayudándote a responder a los comentarios y menciones directamente dentro de la aplicación. También se utiliza a menudo para encontrar influenciadores adecuados para diversas campañas, ya que se dirige específicamente a las menciones.

Zapier

Las nuevas herramientas de marketing en redes sociales se inclinan notablemente hacia la automatización, por lo que Zapier sobresale en lo que hace. El proceso es bastante sencillo; configuras las reglas que quieres que siga una campaña de marketing y el sistema las ejecutará de forma eficiente. Estas reglas pueden iniciar una acción cuando el sistema advierte algo. Por ejemplo, puedes hacer que Zapier cree un archivo doc dedicado con la información de notificación una vez que alguien mencione tu marca. Esto ayudará a aligerar las tareas que consumen tiempo y a agilizar el proceso para centrarse solo en lo que importa para el crecimiento de tu marca. Vale la pena mencionar que Zapier es una herramienta relativamente compleja que requerirá que inviertas tiempo en aprender sus entresijos, por lo que está más orientada a empresas muy centradas en la automatización.

AdEspresso

Con un nombre tan llamativo como éste, AdEspresso es uno de los principales nombres de las pruebas A/B. Le permite experimentar con sus anuncios, por muy complejos que sean.

Muchos profesionales del marketing digital caen en la trampa de adivinar el significado y la influencia de sus anuncios, aunque a veces es comprensible, pero nunca debería ser la norma. AdEspresso hace que los resultados de sus anuncios sean tangibles gracias a su rápido análisis en tiempo real de los anuncios de las principales plataformas sociales como Facebook, Google e Instagram. Puedes lanzar varios anuncios a varias plataformas desde el mismo tablero, además de monitorizar cómo les va individualmente. Puedes tomarte el tiempo de probar diferentes medios, copias, anuncios y títulos para ver qué combinación se adapta mejor a tus expectativas. Todas las métricas importantes que necesitará para optimizar el anuncio y crearlo pueden encontrarse en un panel de control personalizable y fácil de usar.

Bitly

El problema de las URLs largas es que son complicadas, difíciles de recordar y a veces pueden ser difíciles de compartir. Acortar las URLs es un proceso rápido y súper conveniente en muchas situaciones. Las URLs cortas no sólo se ven mejor, sino que son mucho más fáciles de compartir y conducen más clientes potenciales a su sitio web. Bitly es una herramienta efectiva para acortar URLs largas y confusas para hacerlas más fáciles de recordar y más convenientes de compartir. Bitly no sólo hace el trabajo sin esfuerzo, sino que también viene con una interfaz sencilla y un montón de ventajas que los profesionales del marketing pueden aprovechar para adquirir todos los análisis que pueden hacer o romper sus estrategias.

Rebrandly

Por último, al igual que Bitly, Rebrandly es otro famoso en el campo que hace un gran trabajo para acortar tus URLs y crear URLs personalizadas o de marca. El enlace que compartes en línea está correlacionado con tu reputación, por lo que compartir enlaces aleatorios que parecen spam puede alejar a los clientes potenciales de hacer clic en el enlace. Puedes utilizar enlaces personalizados para mejorar la reputación de la marca y aumentar la confianza del enlace que establecen los algoritmos. Encontrarás algunas características adicionales útiles como el enrutamiento de tráfico y la integración de códigos QR para optimizar aún más tus enlaces.

Capítulo 9: Seguimiento y Medición del Éxito

Imagínese gastar un presupuesto considerable en marketing en redes sociales sin poder hacer un seguimiento del éxito de su campaña. Es importante no perderse entre numerosas métricas que no entiendes. Supervisar y medir tu rendimiento es esencial para cualquier profesional del marketing en redes sociales o propietario de un negocio, por lo que debes llevarlo al siguiente nivel una vez que tengas tus herramientas y estrategias preparadas. Este último capítulo explora cómo puedes hacer un seguimiento de tu éxito en el marketing en redes sociales.

Las Dos Categorías de Medición de los Medios Sociales

Antes de empezar a medir sus métricas y parámetros, es importante conocer el contexto en el que opera. Hay dos tipos principales de medición de las redes sociales: la monitorización continua y la monitorización centrada en la campaña.

• Análisis Continuos

Para seguir de cerca la trayectoria de tu campaña, la analítica continua es crucial para controlar el ritmo de las conversaciones sobre tu marca. La mayoría de las plataformas y herramientas de redes sociales lo automatizan, lo que facilita el seguimiento del progreso de tu marca en cada paso del camino.

• Análisis Basados en Campañas

El impacto de sus estrategias de marketing no se mide exactamente con análisis continuos, sino con métricas centradas en la campaña. La influencia de una estrategia puede variar de una campaña a otra, ya que sus objetivos son diferentes la mayoría de las veces (creación de marca, fomento de la participación, conversión de clientes potenciales, etc.).

Aumento de Seguidores

El crecimiento de los seguidores es una métrica importante que le permite saber el éxito de su campaña y presencia en las redes sociales. El número total de seguidores y de "me gusta" está directamente relacionado con el interés de la gente por tu marca. Naturalmente, tu contenido será el motor del aumento de tus seguidores y su seguimiento es imprescindible para la mejora de tus campañas.

• Facebook

Puedes obtener un análisis amplio y detallado de los "me gusta" de tu página visitando la sección de información de tu página de Facebook. Allí podrás ver el número total de "me gusta", además de un análisis detallado de las pérdidas y ganancias en un plazo determinado. Esto te ayudará a controlar cómo reacciona tu audiencia a cada una de tus publicaciones, por no mencionar que podrás averiguar el momento adecuado para publicar tu contenido.

• **Twitter**

Lo que resulta práctico en Twitter es poder ver las tendencias y estadísticas relevantes para tus propios seguidores. Haz clic en Análisis de Twitter y elige tu perfil en la parte superior, luego selecciona análisis en el menú. Encontrarás una fila de parámetros esenciales que resumen un periodo de 28 días. Dentro de ella, puedes ver un análisis porcentual de tus tweets, impresiones, visitas al perfil, menciones y ganancia/pérdida de seguidores. Es importante que visites esta página con regularidad si tu campaña incluye el marketing en Twitter.

Saber Cuál es el Momento Adecuado para Participar

Si quieres hacer un seguimiento de los resultados de tu campaña, es fundamental saber cuándo publicar y cuándo controlar. Su estrategia de marketing debe estar específicamente diseñada para publicar contenido en el momento adecuado, y no se trata exclusivamente de la hora del día. De hecho, su audiencia será más activa en determinados días de la semana, en días festivos, durante las tendencias en curso y en otros momentos estratégicos que le ofrezcan una ventana adecuada para publicar nuevos contenidos e interactuar con ellos.

• Facebook

En Facebook, puedes encontrar fácilmente la actividad diaria de tus seguidores durante un período de 7 días, y puedes personalizar la visión general para ver qué días individuales disfrutan de las mayores tasas de compromiso. Puedes obtener especificaciones adicionales y supervisar cómo afecta el interés a cada hora en tiempo real. Para comprobar estas métricas, ve a tu sección Información, haz clic en las publicaciones y elige "cuando tus fans están conectados". Selecciona cualquier día de la semana para ver las tasas de participación.

• Twitter

Si comparas Twitter con Facebook, verás que la plataforma no proporciona muchas herramientas en profundidad para medir el compromiso de los usuarios, como las estadísticas de compromiso a horas específicas del día. Sin embargo, puedes comprobar los índices de participación día a día. Si haces clic en la pestaña de tweets, verás un gráfico que representa las subidas y bajadas de interacción durante el último mes.

Me gusta y Reacciones de Publicaciones Específicas

Se trata de una estrategia de marketing digital fundamental que debes conocer para establecer tus expectativas y elaborar una estrategia adecuada sobre la naturaleza de tus contenidos. Tu audiencia reaccionará al contenido que publiques y, afortunadamente, plataformas como Facebook han introducido recientemente las reacciones para medir lo que la audiencia siente sobre una determinada publicación. Se trata de una métrica sencilla que puede ayudarte a analizar los temas que más interesan a tu audiencia. Si notas que la audiencia tiene una actitud negativa a la hora de ver el contenido, puede ser una señal para evitar un determinado tema, lenguaje o estilo. Puede descubrir que ciertos tipos de contenido tienen más impacto a través de diferentes canales para una audiencia diferente, por lo que experimentar con esto debería ser útil.

- **Facebook**

Facebook es bastante popular por su sistema que proporciona análisis en profundidad con su recientemente desarrollado sistema de reacción. Hace que sea fácil saber si a tu público le gusta, le encanta, no le gusta o está enfadado con el contenido que has publicado o compartido. Podrás conocer la reacción general del público de cada post con sólo unos pocos clics. Estas métricas están disponibles en la pestaña " Información". Si quieres una visión más concluyente, encontrarás el total de reacciones por publicación, pero también puedes ver una visión específica de cada tipo de reacción a través del enlace de la publicación.

• Twitter

Aunque las métricas de interacción de Twitter no son tan completas como las de Facebook, ofrece una configuración similar que muestra tus tweets de forma cronológica. Puedes ver tus Tweets más atractivos seleccionando "Top Tweets". La columna de interacción tiene información que contiene más "ruido" que la de Facebook; a veces puede confundirte durante el análisis, especialmente si tienes en cuenta que cualquier interacción con el tuit en cuestión, desde los comentarios hasta los retweets, se considera una métrica medible. Dirígete al gráfico de "me gusta" para ver cuántos me gusta de media tienes al día, lo cual es un dato útil que puedes aprovechar para optimizar tu campaña.

Medir la Compartibilidad de los Contenidos

Si quieres que tu contenido se convierta en un tema de debate, ya es hora de estudiar los elementos que lo hacen compartible. Como objetivo, es más fácil conseguir un mayor número de "me gusta" que de "compartidos", pero ese camino es el más fácil. Los compartidos son la mejor manera de hacer llegar tu contenido a todo tipo de público. A la gente le puede gustar cierto contenido, pero puede que no esté lo suficientemente segura de que otros también lo harían. Los compartidos son una prueba concreta de que los usuarios valoran el contenido, además de recomendar que otros lo vean también. El contenido compartido suele ser relevante y tiene un fuerte valor emocional que empuja a la audiencia a compartirlo, lo que le da un alcance aún mayor. Encontrar el número de compartidos en Facebook o de retweets en Twitter puede hacerse fácilmente desde el enlace de la publicación.

Tráfico de Referencia

El tráfico de referencia no se mide con las herramientas que le proporciona la plataforma y puede requerir el uso de datos de adquisición. El tráfico que recibe desde una plataforma de medios sociales directamente a su sitio web se denomina tráfico de referencia. El uso de estos datos puede ayudarte a evaluar si ciertos canales no están funcionando tan bien como esperabas, lo que te obliga a añadir llamadas a la acción adicionales y a mejorar las características de la campaña. Para obtener los datos prácticos del tráfico de referencia, utilice Google Analytics y acceda a la función de adquisición desde el menú del portal. Debería ofrecerte una visión general del tráfico que estás recibiendo de cada red social en la que operas. También puedes obtener información más específica accediendo a la pestaña "Referencias de la red" para ver el recuento de sesiones y el número de páginas visitadas.

Determinación del Alcance

El éxito en las redes sociales puede parecer un juego de números, pero en realidad es mucho más profundo que eso. Determinar el alcance de tu página es esencial para medir la eficacia de tu estrategia de marketing, planificar tu próximo movimiento y descubrir cualquier ajuste que tus páginas puedan necesitar. Las métricas de alcance muestran esencialmente el número de personas a las que sus páginas han conseguido llegar. Estas cifras, sin embargo, no diferencian entre su público objetivo y los usuarios que no pertenecen a su audiencia. Para mejorar la visibilidad de tu página, especialmente si los números indican el alcance de usuarios externos, necesitas generar contenido más atractivo, interesante y compartible. De este modo, te asegurarás de que tu contenido atraiga más atención. Evita tener mentalidad cerrada cuando tengas como objetivo un alto número de alcance, ya que puede afectarte negativamente si realizas la campaña equivocada. Investigar el contenido y anticiparse a la reacción de la audiencia antes de difundirlo a más personas es fundamental para evitar los contratiempos que suelen conllevar los contenidos mediocres. Por último, tenga en cuenta que las impresiones son diferentes del alcance; este último se calcula para los visitantes únicos y no para el número de veces que se muestra.

Conclusión

Ha llegado el momento de concluir este viaje sobre cómo puede utilizar el marketing en las redes sociales para hacer crecer su marca. A lo largo de este libro, hemos tratado varios temas para ofrecerte una guía práctica que se mantenga vigente durante las diferentes fases de la vida de tu marca.

En el capítulo inicial, analizamos el poder real de las redes sociales y su impacto en los negocios actuales. Ahora deberías tener una sólida comprensión de cómo los medios sociales se desarrollaron orgánicamente para hacer la información más accesible para todos. Independientemente de que se haya convertido en lo que es hoy de forma intencionada o no, la "humanización" de los negocios ha entrado con fuerza en los últimos años, reforzando aún más el poder y el alcance de las redes sociales.

El capítulo 2 fue una reflexión sobre las redes sociales más populares, como Facebook, Instagram, Snapchat, Reddit y todas las demás. Destacamos el potencial de cada plataforma y ofrecimos valiosos consejos sobre cómo evaluarlas para determinar la combinación adecuada para su marca en función de sus aspiraciones y el tipo de contenido que desea crear.

El capítulo 3 nos abrió los ojos sobre el papel que desempeñan las redes sociales y el marketing de contenidos a la hora de hacer o deshacer una marca. Con esto concluía la parte teórica del libro y te preparaba para el resto de los capítulos, en los que se exponían estrategias y tácticas aplicables para abordar el mundo de las redes sociales.

A partir del capítulo 4, repasamos algunos enfoques probados y comprobados para que puedas empezar en el vasto reino de las redes sociales. Tuviste que aprender de primera mano la importancia de una estrategia de marketing digital bien definida que sirva de base para tus esfuerzos en las diferentes plataformas. Al final, destacamos el hecho de que mantenerse ágil y rápido te servirá para construir tu marca con éxito.

El capítulo 5 se dedicó por completo al contenido de calidad, dado su impacto en el compromiso, el volumen de ventas y la imagen de su marca. Mencionamos varias estrategias que pueden ayudarte a crear publicaciones efectivas y de alta calidad para mantener a tus seguidores comprometidos y ansiosos por ver más de tu contenido cautivador.

El capítulo 6 fue realmente intenso. Fue diseñado como una guía paso a paso sobre cómo puedes elaborar tu propia estrategia en las redes sociales con la mínima ayuda de expertos del sector, empezando por establecer tus objetivos y definir tu público objetivo, hasta investigar el mercado y preparar un plan de contenidos. Por último, mostramos los diferentes tipos de marketing que puedes utilizar para alcanzar tus objetivos, llevándote hasta la fase final de promoción de tus contenidos y maximizando la visibilidad de tu marca.

A continuación, pasamos al capítulo 7, en el que se trata de gestionar el algoritmo de las redes sociales y hacer que funcione a su favor. A estas alturas, es seguro decir que tiene algunas estrategias a su disposición en las que puede confiar para mejorar su alcance y compromiso en las redes sociales.

En el capítulo 8, presentamos algunas de las principales herramientas de marketing en redes sociales que le ayudarán a gestionar sus cuentas sociales de forma más inteligente y eficiente.

Por último, concluimos este libro hablando de la importancia de evaluar continuamente sus estrategias de marketing para medir su eficacia y hacer los cambios necesarios para mantenerse en la cima.

Ahora que este viaje ha concluido, nos gustaría que aplicara todo lo que ha aprendido en este libro. No podemos prometer que vaya a ser fácil; se le presentarán muchas dificultades antes de encontrar el camino y ganarse un reconocimiento en las redes sociales. Eso es lo emocionante del mundo virtual: nada está grabado en piedra. Si tus planes iniciales fracasan, cambia de rumbo y prueba diferentes estrategias. Antes de que te des cuenta, conseguirás convertir tu marca en la próxima sensación de la red.

www.ingramcontent.com/pod-product-compliance
Lightning Source LLC
Chambersburg PA
CBHW071552080326
40690CB00056B/1804